¡Montones de mariquitas!
Cuenta de cinco en cinco

Lots of Ladybugs!
Counting by Fives

por/by Michael Dahl

ilustrado por/illustrated by Todd Ouren

traducción/translation: Dr. Martín Luis Guzmán Ferrer

WITHDRAWN

PICTURE WINDOW BOOKS
a capstone imprint

Special thanks to our advisers for their expertise:
Stuart Farm, M.Ed., Mathematics Lecturer
University of North Dakota, Grand Forks

Susan Kesselring, M.A., Literacy Educator
Rosemount-Apple Valley-Eagan (Minnesota) School District

Editor: Christianne Jones
Spanish Copy Editor: Adalín Torres-Zayas
Designer: Todd Ouren
Book Designer: Eric Manske
Production Specialist: Jane Klenk
The illustrations in this book were prepared digitally.

Picture Window Books
1710 Roe Crest Drive
North Mankato, MN 56003
www.capstonepub.com

 All books published by Picture Window Books
are manufactured with paper containing at least
10 percent post-consumer waste.

Library of Congress Cataloging-in-Publication Data
Dahl, Michael.
    [Lots of ladybugs. Spanish & English]
    ¡Montones de mariquitas! : cuenta de cinco en cinco = Lots of
ladybugs : counting by fives / por Michael Dahl.
       p. cm.—(Picture Window bilingüe = Picture Window bilingual)
(Apréndete tus números = Know your numbers)
    Summary: "Introduces counting by fives by counting the
number of spots on the shell of a ladybug. Readers are invited to
find hidden numbers on an illustrated activity page–in both English
and Spanish"–Provided by publisher.
    ISBN 978-1-4048-6297-5 (library binding)
    1. Counting–Juvenile literature. 2. Multiplication–Juvenile
literature. 3. Ladybugs–Juvenile literature. I. Title. II. Title: Lots of
ladybugs.
QA113.D33718 2011
513.2'11–dc22   2010009876

Printed in the United States of America in North Mankato, Minnesota.
102011   006417R

2

Look at all
the ladybugs!

¡Mira cuantas
mariquitas!

A lazy ladybug
lounges on a leaf.

Una mariquita floja
descansa sobre una hoja.

FIVE black spots on her
red, red shell.

CINCO puntos negros en
su caparazón rojo, rojo.

Careful ladybugs climb
a curly stem.

Con cuidado las mariquitas
suben por un tallo retorcido.

TEN black spots on
their red, red shells.

DIEZ puntos negros en sus
caparazones rojos, rojos.

Busy ladybugs buzz
above a bush.

Las trabajadoras mariquitas
zumban sobre el arbusto.

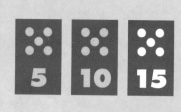

FIFTEEN black spots on
their red, red shells.

QUINCE puntos negros en sus
caparazones rojos, rojos.

Restless ladybugs race
across the roses.

Las inquietas mariquitas
corren de rosa en rosa.

TWENTY black spots
on their red, red shells.

VEINTE puntos negros en sus
caparazones rojos, rojos.

Hungry ladybugs hunt
in the high grass.

Las hambrientas mariquitas
cazan entre el pasto alto.

TWENTY-FIVE black spots
on their red, red shells.

VEINTICINCO puntos negros en
sus caparazones rojos, rojos.

Curious ladybugs creep
by a caterpillar.

Las curiosas mariquitas se
arrastran junto a la oruga.

THIRTY black spots on
their red, red shells.

TREINTA puntos negros en sus
caparazones rojos, rojos.

15

Look-alike ladybugs
line up on a log.

Tan igualitas, las mariquitas
se alínean sobre un tronco.

5   10   15   20   25   30   35

THIRTY-FIVE black spots
on their red, red shells.

TREINTA Y CINCO puntos negros
en sus caparazones rojos, rojos.

Proud ladybugs parade
upon potatoes.

Las orgullosas mariquitas
desfilan sobre las papas.

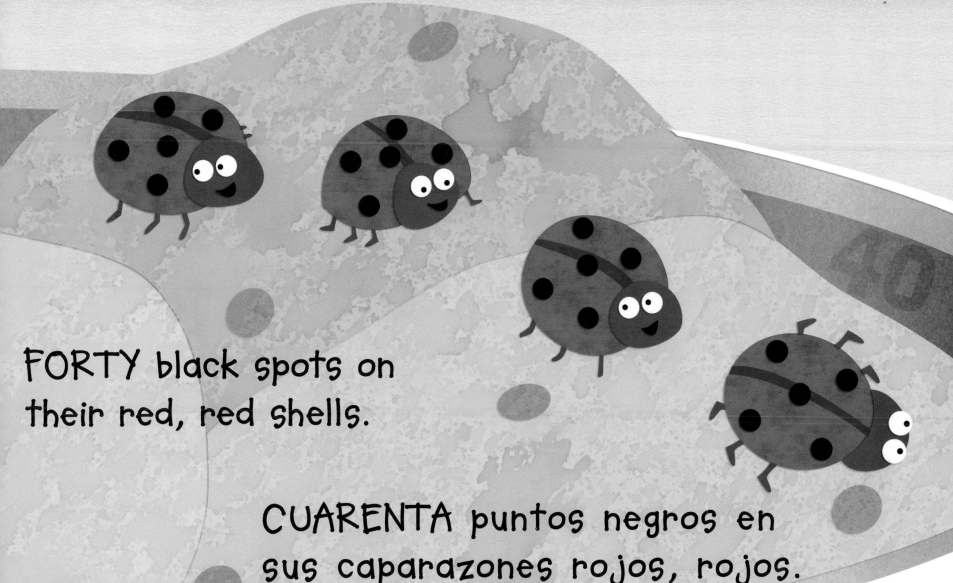

FORTY black spots on
their red, red shells.

CUARENTA puntos negros en
sus caparazones rojos, rojos.

5 10 15 20 25 30 35 40 45

Friendly ladybugs feel like
feathers on my fingers.

Las amistosas mariquitas se sienten
como plumas en mis dedos.

FORTY-FIVE black spots on their red, red shells.

CUARENTA Y CINCO puntos negros en sus
caparazones rojos, rojos.

21

Loads of ladybugs
live on our lot!

¡Montones de mariquitas
viven en nuestro terreno!

5 10 15 20 25 30 35 40 45 50

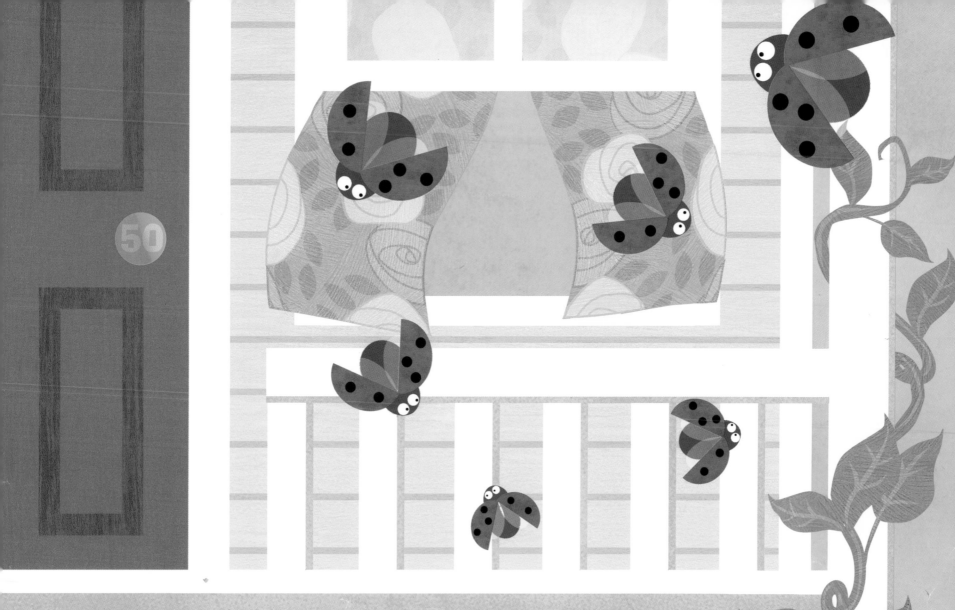

FIFTY black spots on
their red, red shells.

CINCUENTA puntos negros en
sus caparazones rojos, rojos.

23

Fun Facts

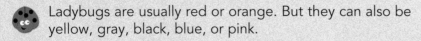

- Ladybugs are usually red or orange. But they can also be yellow, gray, black, blue, or pink.

- As a ladybug grows older, the spots on its back will fade.

- When a ladybug is in danger, it may "play dead" to fool an enemy.

Find the Numbers

Now you have finished reading the story, but a surprise still awaits you. Hidden in each picture is a multiple of 5 from 5 to 50. Can you find them all?

5—on the leaf to the right of the ladybug
10—on the curl of the stem on the left page
15—in the middle of the bottom flower on the right page
20—in the middle of the top flower on the right page
25—the legs of the bug on the right page
30—on the caterpillar's middle spot
35—on the leaf between the bugs on the left page
40—on the rim of the bowl on the right page
45—between the boy's fingers
50—on the doorknob

Internet Sites

FactHound offers a safe, fun way to find Internet sites related to this book. All of the sites on FactHound have been researched by our staff.
Here's all you do:
Visit *www.facthound.com*
Type in this code: 9781404862975

Datos divertidos

- Por lo general las mariquitas son rojas o anaranjadas. Pero también las hay amarillas, grises, negras, azules o rosas.

- Según envejecen, las manchas rojas se destiñen.

- Cuando la mariquita está en peligro, puede "hacerse la muerta" para engañar al enemigo.

Encuentra los números

Ahora que ya terminaste de leer el cuento, aún te espera una sorpresa. En cada ilustración se encuentra escondido un múltiplo de 5, del 5 al 50. ¿Puedes encontrarlos a todos?

5—en la hoja a la derecha de la mariquita
10—en la parte enroscada del tallo en la página 6 a la izquierda
15—a la mitad de la flor de abajo en la página 9 a la derecha
20—a la mitad de la flor de arriba en la página 11 a la derecha
25—en las patas de la mariquita en la página 13 a la derecha
30—en la mancha a la mitad de la oruga
35—en la hoja entre las mariquitas en la página a la izquierda
40—en el borde de la vasija en la página derecha
45—entre los dedos del niño
50—en la perilla de la puerta

Sitios de Internet

FactHound brinda una forma segura y divertida de encontrar sitios de Internet relacionados con este libro. Todos los sitios en FactHound han sido investigados por nuestro personal.
Esto es todo lo que tienes que hacer:
Visita *www.facthound.com*
Ingresa este código: 9781404862975